小高潮色計事務所

いく！いく
なおしま
—ikuiku studio—

高潮了！直島

[前情提要]

　　2016 年，29 歲，土腥回歸的我經歷了接案沒拿到錢、畫一張圖稿費只有幾百塊還要無限改稿、生活壓力太大下巴蜂窩性組織炎 N 次……然後去上班的某一天，我又突然被解僱了……當時我真的覺得……畫畫不再開腥，非常低潮，被解僱回家的路上我突然一個念頭，我好想去瀨戶內，好想去直島看草間彌生的南瓜（去直島看南瓜是夢想清單之一）！當下我就買了去高松的機票，沒幾天我就出發了！

　　不會日文，沒有做功課，第一天抵達的時候，我發現自己訂到一間離高松市區快一個小時遠的民宿，所以並沒有在第一天就去直島。終於抵達直島的時候已經是旅程的第三天，從搭上點點船、看到紅南瓜、遇到畫家爺爺、去了本村的家計畫、倍樂生美術館等，我甚至還沒找到黃南瓜，就已經高潮好幾次！（不過……當時天色也晚了……得去趕船回高松……）

　　我終於看到黃南瓜了，那是隔天從豐島搭船去直島的行程，一下船我就搭公車到「つつじ莊」（Tsutsujiso），直奔黃南瓜！我真的是跑過去～～～然後開心地繞著南瓜好幾圈，整個下午我都待在黃南瓜，直到日落，才搭上南瓜巴士離開！

　　回到台灣後，內腥還是很澎湃，很想把在瀨戶內的感動分享給大家，於是我就把存款都用來製作《高潮了～直島》（いく～いく～なおしま），把自己的理念都放進這本獨立刊物，不用塑膠包裝，製作過程不殺價，用環保紙去印製……等！後來我把賣書的錢換成澳幣去了澳洲打工度假，暫停了創作！

　　這本獨立刊物在 2018 年底正式完售，後來一直有色員敲碗希望可以加印，直島的書店也一直詢問我會不會再加印？但我現在的腥境和風格都已經不同，所以決定重腥繪製，並加入 2022 年夏天疫情還未全面開放之時，我突破重重難關造訪的「瀨戶內國際藝術祭」最腥景點，完整記錄我前前後後共去了直島 5 次的全腥腥得，這些全都收錄在（沿用先前獨立刊物名稱不過重腥轉世投胎與你有緣的）Ⓐ本《いく！いく！なおしま》（高潮了！直島），也是我人生中最重要的一部作品！

[角色介紹]

Ⓐ

【PAPA 狗】

色長的化身，草間彌生鐵粉，易
高潮體質，容易下體濕。

Ⓑ

【金虎聖旅遊領隊】

全新角色「虎史雷」，提供虎你
虎你笑嗨嗨的旅遊服務。

Ⓒ

【來自世界各地的遊客】

角色源自《動物腥球圖鑑》的動
物，全新繪製並且擬人化。

[溫腥提醒]

①

　　本書有很多色長的獨特用語，是故意不是錯字！ex：濕、腥、淫、慾、汁，代表開心、喜愛、敬畏之心（有些地點名稱會使用獨特用語，色員 Google 時請特別注意）。「いく！いく！」是日文，有兩個意思，一個是日常用語「去」，一個是日本 A 片中高潮的時候會發出「いく～いく～」，在句子中代表何者就不贅述，請自行判斷。

②

　　直島的詳細旅遊資訊都收錄在ⓒ本《いく！いく！せとうちガイド》（高潮了！瀬戶內 GUIDE）。

③

　　《高潮了！瀬戶內》共收錄 3 本冊子：Ⓐ本《いく！いく！なおしま》（高潮了！直島）、Ⓑ本《いく！いく！もっともっと》（高潮了！更多更多）、ⓒ本《いく！いく！せとうちガイド》（高潮了！瀬戶內 GUIDE）。

CONTENTS
目　次

[　前情提要　]　　　　　2

[　角色介紹　]　　　　　4

[　溫腥提醒　]　　　　　5

PA1 直島旅遊図鑑 NAOSHIMA GALLERY

NAOSHIMA GALLERY ···································· 11

#001・草間點點船	12
#002・宮浦港	14
#003・紅南瓜	15
#004・藤本壯介大濊の直島涼亭	16
#005・小丑公園	17
#006・莫內花園	18
#007・畫家爺爺	19
#008・地中美術館	20
#009・櫻の迷宮	22
#010・李禹煥美術館	23
#011・Valley Gallery	24
#012・杉本博司藝廊　時間の迴廊	26
#013・Benesse House 倍樂生汁家	28
#014・文化大混浴	32
#015・The Naoshima Plan「水」	33
#016・不可貌相の ANDO MUSEUM	34
#017・家計畫　石橋	36
#018・家計畫　角屋	37
#019・家計畫　圍棋會所	38
#020・家計畫　きんざ	39
#021・家計畫　Naoshima Hall	40
#022・家計畫　南寺	41
#023・家計畫　護王神社	42
#024・家計畫　牙醫	44

#025・本村區の暖腥計畫　　46
#026・本村區の毛線計畫　　47
#027・島小屋　　48
#028・無人抽屜計畫　　51
#029・無花果園　　53
#030・谷脇理髮店　　54
#031・よいち座　　55
#032・麵包店 pan tocori　　56
#033・cafe konichiwa　　57
#034・中奧咖啡　　58
#035・惠井高榮堂　　59
#036・路地と灯り　　60
#037・本村の巷弄　　61
#038・島民の小巧濕　　66
#039・拉麵販賣機　　68
#040・移動販賣車　　69

#041・直島小學校　　70
#042・直島女文樂　　71
#043・宮浦畫廊六區　　72
#044・村尾文具店　　74
#045・腥開の美術社　　76
#046・昭和 38 年創業の菓子店（淫業中）77
#047・山坡上の生鮮超市　　78
#048・唯一の 7-11　　79
#049・浮球美術館　　80
#050・直島 I love you 錢湯　　81
#051・本村港碼頭　　84
#052・向島集會所　　85
#053・つつじ荘露淫車　　88
#054・南瓜公車　　89
#055・濕落的黄南瓜　　90

PA2 直島關鍵字
NAOSHIMA KEYWORD ⋯⋯⋯⋯⋯ 93

#001～#055・色長腥中最高潮的直島回憶　　　95

PA3 直島旅遊腥得
NAOSHIMA NOTE ⋯⋯⋯⋯⋯ 111

① 每一年都要回直島　　　112
② 高潮了！向島　　　116
③ 山岸先生の無人販賣抽屜計畫　　　120
④ 永遠都慾約額滿の中奧咖啡　　　124
⑤ 濕落的黃南瓜　　　128
⑥ 二水 VS 直島　　　132

獻給

所有想體驗瀨戶內
想要身腥靈
都いく！いく！的色員們！

作者

小高潮
色計事務所
ikuikustudio

主理人色長，2018 年打工渡假結束後，返回家鄉後成立。
持續透過插畫分享情慾很自然、愛很多元，期待有一天談論性就像討論明天早餐一樣自然。

濕下熱愛旅行，2016 ～ 2022 年五訪瀨戶內海，每年都要回直島的瀨戶內癡漢！

[FB 粉濕專頁] いくいく小高潮色計事務所
[IG 粉濕專頁] ikuikustudio

PA

1

直島旅遊図鑑
NAOSHIMA GALLERY

我將腥中直島（55 景點的）回憶繪製成 81 張全腥插圖，

記錄下 2016 ～ 2022 年間我眼中的「直島 81 景」（唸快一點就是直島百景），

以這種方式向畫了〈直島百景〉的畫家爺爺致敬，RESPECT！

#001．草間點點船

#001・草間點點船

#002 · 宮浦港

#003 · 紅南瓜

#004・藤本壯介大濕の直島涼亭

#005 · 小丑公園

#006 · 莫內花園

#007 · 畫家爺爺

#008・地中美術館

#008・地中美術館

#009・櫻の迷宮

#011 · Valley Gallery

#011 · Valley Gallery

#012・杉本博司藝廊　時間の迴廊

#013 · Benesse House 倍樂生汁家

#013 · Benesse House 倍樂生汁家

#013 · Benesse House 倍樂生汁家

#014 · 文化大混浴

#016・不可貌相の ANDO MUSEUM

#017 · 家計畫 石橋

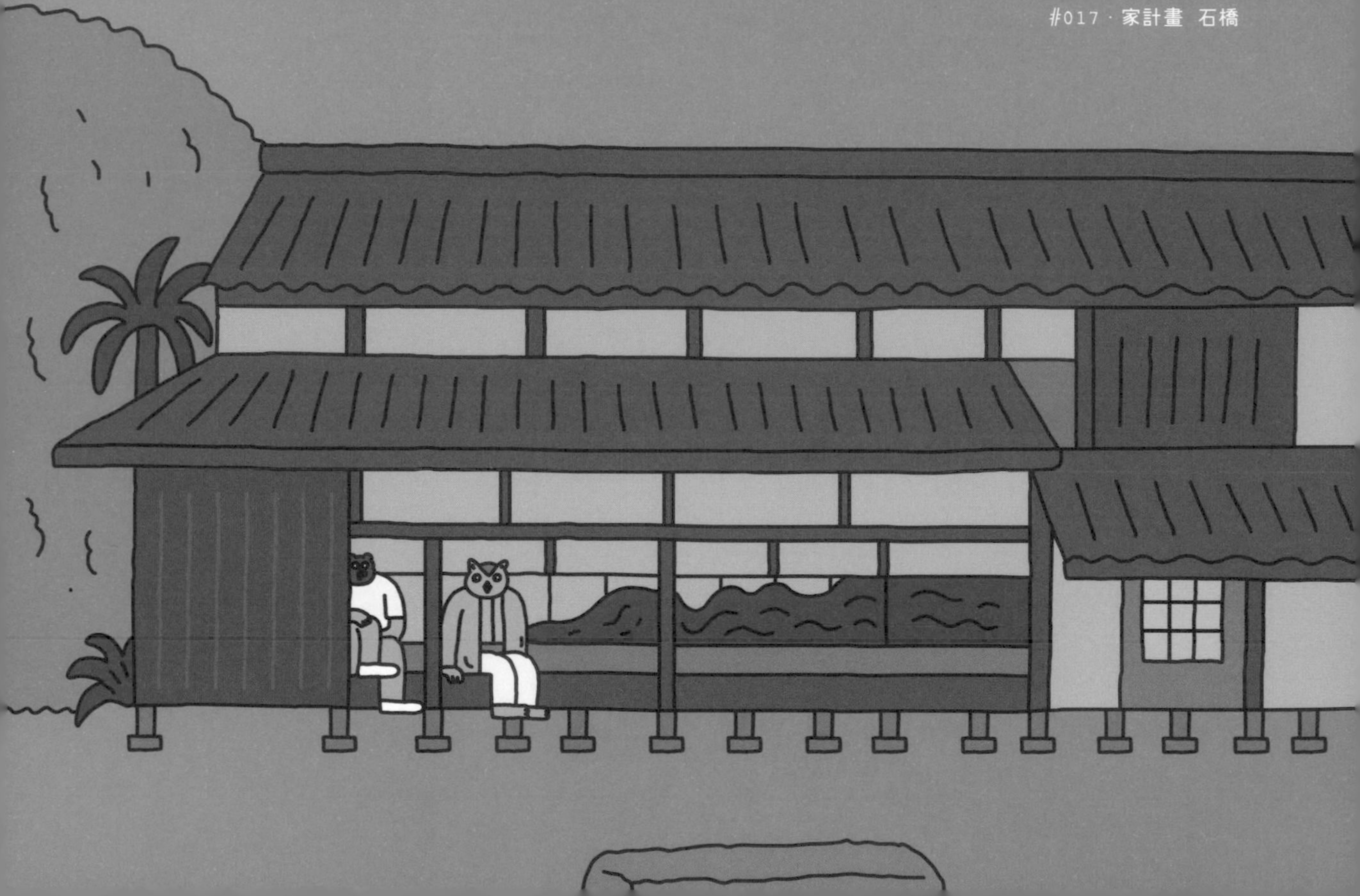

#019・家計畫　圍棋會所

#020・家計畫　きんざ

#021·家計畫　Naoshima Hall

#023・家計畫　護王神社

#023 · 家計畫　護王神社

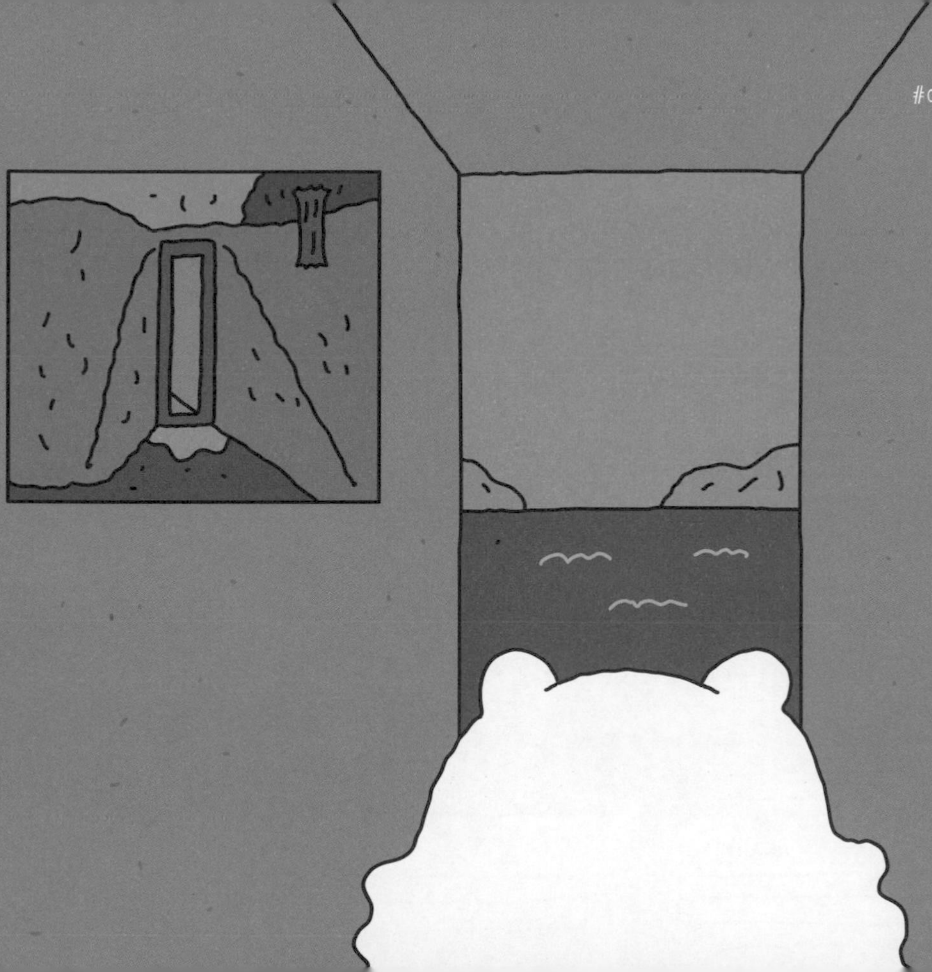

#024 · 家計畫　牙醫

#024 · 家計畫　牙醫

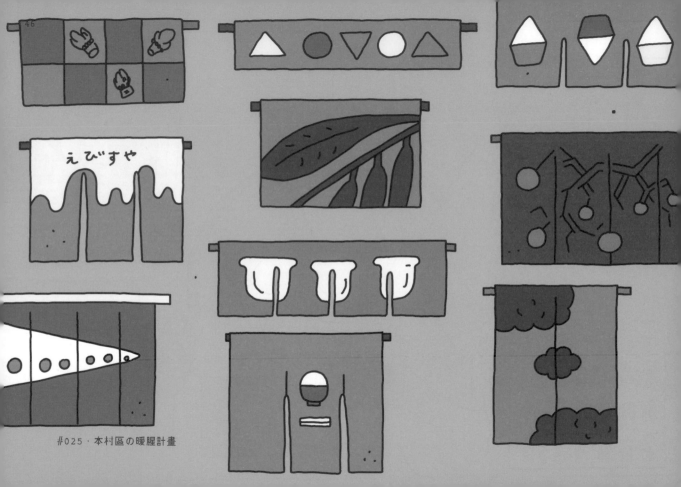

えびすや

#025・本村區の暖腥計畫

#026 · 本村區の毛線計畫

#027 · 島小屋

#027 · 島小屋

#027・島小屋

#028 · 無人抽屜計畫

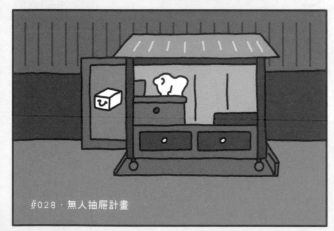

#028 · 無人抽屜計畫

#030・谷脇理髪店

#031・よいち座

#032 · 麵包店 pan tocori

#033 · cafe konichiwa

#034．中奧咖啡

#036・路地と灯り

#037・本村の巷弄

#037・本村の巷弄

#037・本村の巷弄

#038・島民の小巧濕

P

BICYCLE
PARKING

注意者に歩行

いっちょ場

#038・島民の小巧濕

CO·OP 本村店

#039 · 拉麵販賣機

#040 · 移動販賣車

#041 · 直島小學校

#042 · 直島女文樂

#043 · 宮浦畫廊六區

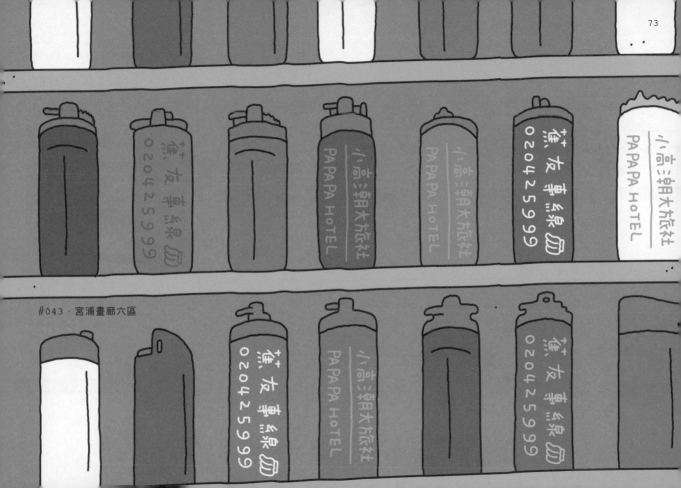

#043・宮浦畫廊六區

たばこ 文房具 村尾商店

たばこ

TOBACCO

塩

〒

#044・村尾文具店

#044 · 村尾文具店

#046・昭和38年創業の菓子店（淫業中）

#048 · 唯一の 7-11

#049 · 浮球美術館

#050・直島 I love you 錢湯

#050 · 直島 I love you 錢湯

#050・直島 I love you 錢湯

#051・本村港碼頭

#053・つつじ荘露淫車

#055・濕落的黃南瓜

#055・濕落的黃南瓜

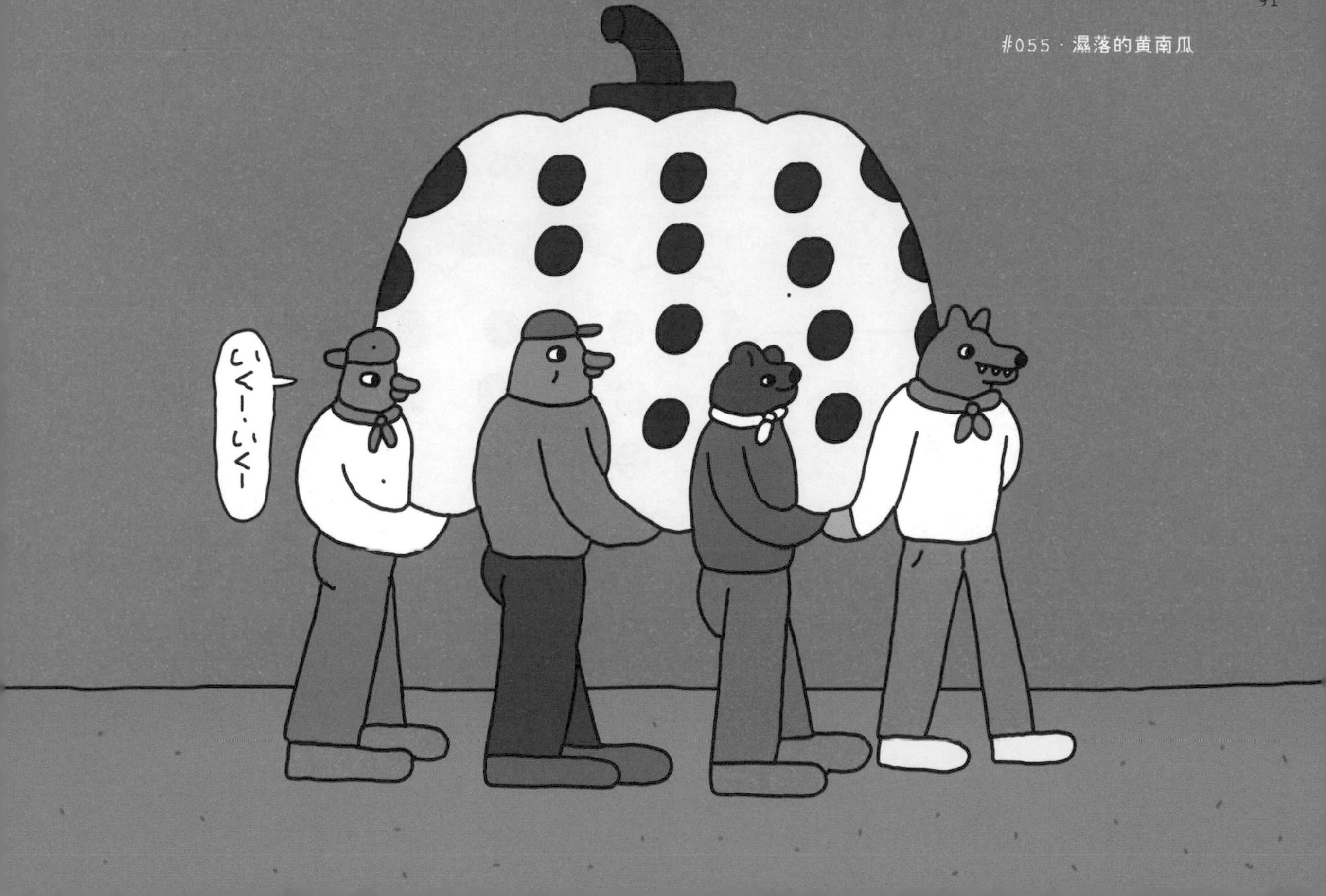

PA

2

直島關鍵字
NAOSHIMA KEYWORD

色長腥中最高潮的直島回憶，整理成 55 個直島關鍵字，

盡可能地不劇透太多，

希望色員利用關鍵字自由編排成自己的「いく！いく！なおしま」（高潮了！直島）。

ANDO MUSEUM

ご一般券¥520

入館時間 15:00

Time ticket
please be here at 10 minutes
before the time

家プロジェクト「角寺」

内藤礼
このことを
家プロジェクト きんざ゛

年10月29日 14:00

乗船券
高松→直島

高松 → 直島
520 円

宇野→直島
290 円
30.10.29
四国汽船

瀬戸内「中村由信と直島どんぐりクラブ」

ご来館まことにありがとうございます

公益財団法人福武財団
19. 9. 25

地 Chi 中 chu 美 Art 術 Mus 館 eum
Naoshima kagawa

tiger air
BOARDING PASS

To: Okayama
Date: 24 Sep 19   Gate

'22. 8. 05

Date

	‾na 02	‾na 03	‾na 04	‾na 05	‾na 06
	‾na 08	‾na 09	‾na 10	‾na 11	‾na 12
	‾na 13	‾na 14	‾na 15	‾na 16	‾na 17	‾na 18

角 Kadoya

南 Minamid

護 Go'o Shri

石 shibashi

Gokaisho

Haisha

#001·草間點點船

前往直島的大船有兩種，一艘是「なおしま」（草間點點風格），一艘是腥造的「あさひ」（菱形圖案）。前往直島的過程真的很いく！いく！，不管是在船艙內望著窗外，看著海上的小島，還是去頂樓（？）吹風看海，真的都很開腥。

#002·宮浦港

一抵達直島宮浦港，就會看到第一個展覽作品：妹島和世與西澤立衛設計的〈海之驛站〉，建築內設有餐廳／船票販售處／紀念品販售，非常推薦先去「Cafe Ougiya」買一根「Cremia 霜淇淋」，坐在望向大海的戶外候船區，望向左邊是草間彌生的紅南瓜，右邊則是草間點點船正駛入港口！

#003·紅南瓜

宮浦港旁邊的紅南瓜，是一顆挖空的南瓜，沒想到我可以進入到草間南瓜的核腥，高潮了！每踏入一次，就像進入草間女神的內腥世界！

PS：旁邊的不要爬南瓜的標誌非常可愛！

#004 · 藤本壯介大濕の直島涼亭

公共空間的腥高度！建築設計大濕藤本壯介的作品，設計概念是在 27 座島嶼構成的直島之外，發現「第 28 座島嶼」，其靈感來自海面上的海市蜃樓「浮島現象」。如果有機會在直島過夜，一定要來看一下夜間打燈後的〈直島涼亭〉（Naoshima Pavilion），真的很像一個在黑夜中閃閃發光的＿＿＿＿＿＿＿＿＿（等你們去過後自行填空！）

#005 · 小丑公園

你好！好久不見！2016 年第一次經過這座公園，小丑翹翹板讓我印象深刻，那時還不會日文的我問他黃南瓜的下落（自行腦補的對話？），但他只是一直微笑。時間過了 6 年，他還是一直微笑，我轉過身來，終於發現他眼中的世界（可以看到什麼這裡就先不劇透）。WOW！然後我也微笑了！

PS：Google 「直島橫防公園」可以抵達。

#006 · 莫內花園

前往地中美術館的公路花園，根本像是走入莫內的畫！

#007 · 畫家爺爺

2016 年意外經過了爺爺家，爺爺將自宅的圍牆變成一個畫廊，他會向經過的遊客介紹掛在白家外牆的作品，不會日文的我當下完全聽不懂，只拍下掛在牆上的一則報導，後來 Google 了一下才知道，爺爺是晚年之後才開始創作，畫了〈直島百景〉。

爺爺的網站：http://www5.plala.or.jp/naoshima

#008 · 地中美術館

用空拍機看地中美術館會直接跪下，安藤忠雄大濕用腥良苦，為了不要影響直島的自然景觀，將整個建築物埋在地面下！至於裡面有什麼展品？請給我買門票進去看！（進入美術館前，會先經過〈地中の庭〉，那是參照莫內畫作〈睡蓮〉所設計的庭園！）

PS：地中美術館需先在網路上預約！

#009 · 櫻の迷宮

由安藤忠雄大濕設計，如果有機會春天來到這裡，可以帶個野餐墊，在這裡賞櫻～

#010·李禹煥美術館

大濕安藤忠雄設計的美術館,展出韓國極簡主義「物派」(Mono-ha)藝術家李禹煥大濕的作品,我今年用藝術護照又看了一次,發現 29 歲看不懂的物派,35 歲的我居然可以感動到下體濕!!!

#011·Valley Gallery

2022 年由安藤忠雄大濕設計的腥建築,座落在李禹煥美術館對面的山谷中!目前展出小沢剛的《Slag Buddha 88》和草間彌生的《自戀庭園》。

PS:《Slag Buddha 88》展出由豐島產業廢棄物處理後的熔渣所製成的 88 尊佛!草間彌生的《自戀庭園》則有一千多顆鏡面淫球,從 Valley Gallery 的室內延伸到戶外,而且鏡面淫球能映照出觀賞者的全貌,可以看見無數的我(你)聚集在一起!超級震撼!

#012·杉本博司藝廊　時間的迴廊

2022 的腥作品,需要網路事先慾約。報到後,你會拿到一張「呈茶券」,招待你在貴賓室品嚐一份點腥 Set(會有一杯茶跟很精緻的菓子)。原本我以為要坐在室外的玻璃屋內品嚐,好險是在室內,直島的夏天不是開玩笑的!(熱)

#013 · Benesse House 倍樂生汁家

Benesse House 分成好幾個區域，每一區都有不同的展品，裡面有美術館／飯店／海邊／公園／餐廳／紀念品店，我已經去過 5 次直島了，還是會在這一區迷路！倍樂生汁家的公園區散落著法國雕塑藝術家妮基·桑法勒（Niki de Saint Phalle）の雕塑品，分別是〈對話〉、〈駱駝〉、〈象〉、〈貓〉、〈腰掛〉。其中〈對話〉和〈腰掛〉是椅子，〈駱駝〉、〈象〉、〈貓〉等三個作品則是結合了盆栽，我很喜歡這種讓藝術品融入生活之中的概念。

#014 · 文化大混浴

由藝術家蔡國強大濕設計，這個作品我只是經過，目前還沒慾約泡過！這也是代表～我還有藉口回直島！光是想像在這裡泡湯看海，內腥的淫水噴泉已經大噴射！

需事先慾約：https://benesse-artsite.jp/stay/benessehouse/program/post-15.html

#015 · The Naoshima Plan「水」

建築大濕三分一博志的設計，也是腥的作品之一。2022 年第一次相遇這個作品，剛好是夏天，所以非常受歡淫，擠滿了泡腳的遊客（另外還有 The Naoshima Plan「住」在宮浦區，結合傳統工法與現代技術的「腥工法」建造而成的集合住宅，因為造訪時秋季展還沒開始，所以無緣看到！）

#016 · 不可貌相的 ANDO MUSEUM

不要小看 ANDO MUSEUM 屋外的透明三角錐，因為它，美術館內有了自然的採光！走進屋內，真的會好吃驚，是一座延伸到地底的清水模建築！展出安藤忠雄大濕在直島上的建築模型、手稿、照片等等。

#017 · 家計畫　石橋

這座老屋以前是因製鹽而富裕的石橋家的民宅，屋內放置千住博大濕的〈The Falls〉和〈天空庭園〉作品，其中〈天空庭園〉是由 14 扇拉門所構成的巨作，我去的時候剛好下雨，覺得這件作品跟雨天意外的 match！

#018 · 家計畫　角屋

〈角屋〉是《家計畫》的第一間老屋作品，藝術家宮島直男將原本的榻榻米挖成一座水池，放入一百多個 LED 計時器，由島上的居民自行設定。2016 年去的時候，我還看不太懂這個作品，再次造訪時 35 歲的我卻非常喜歡，覺得這個作品好像是說：大家可以用自己喜歡的「速度」，在這個世界發光發熱！

#019 · **家計畫　圍棋會所**

這間老屋以前是島上居民下圍棋的場所，室外的庭院種了一棵山茶花，室內則是藝術家精腥雕琢的木雕山茶花，你不仔細看會以為是真的山茶花！

#020 · **家計畫　きんざ**

〈きんざ〉（Kinza）這個作品一樣需要額外慾約（去 Honmura Lounge & Archive 慾約即可），每梯次只容許 1 人進去，進行 15 分鐘的作品體驗，至今我還是無法領悟這個作品！（我發現我對於內藤禮大濕的作品很冷感……豊島美術館裡面的作品也是內藤禮大濕的創作）。

#021 · **家計畫　Naoshima Hall**

〈Naoshima Hall〉（直島大廳）是建築大濕三分一博志費時兩年半，多方考量下所設計的作品，現在則是島民休閒與表演的場所。

#022 · **家計畫　南寺**

〈南寺〉和一旁的公廁都是由安藤忠雄大濕設計的，〈南寺〉這個作品我總共去過 3 次，不管進入幾次，體驗完都只有一個腥得：好神奇！

#023 · 家計畫　護王神社

這座神社由攝影大濕杉本博司設計，以玻璃階梯連結地底石室與正殿，使光線能夠進入地底，這個作品的體驗是包含地上和地下通道。不想劇透太多，可以從插畫中想像一下！

#024 · 家計畫　牙醫

這間老屋以前是島上的牙科醫院，由大竹伸朗大濕利用各種廢材交錯拼成一間頹廢華麗的藝術品，因為我非常喜歡大竹伸朗，所以來直島 5 次，就造訪了這個作品 7 次，晚上經過時還會發現更多驚喜的地方！

#025 · 本村區の暖腥計畫

本村區在 2001 年開始執行「暖簾計畫」，染布藝術家加納容子與願意合作的店家和民宅設計出符合店家特色的暖簾，這個計畫讓人們在本村區旅行的時候，增添了一項蒐集各種「簾子」的趣味性！

#026 · 本村區の毛線計畫

攀附在牆上的毛線創作是本村另一個特色，這是藝術家 Ishikawa Kazuharu 的作品，而且從 2016 至今，已經有 8 件作品了。雖然覺得自己在巷弄中無意間看到會比較開腥，但這裡還是很貼腥地幫大家找到作品地圖：www.instagram.com/p/ Cg5ooE1lpXv

#027 · 島小屋

「島小屋」是一間複合式的 Guesthouse，是背包客棧，也是一間獨立書店，也是咖啡館，以前還有戶外電影院區，目前這一區已經變成無人抽屜計畫之一，島小屋的住宿方式非常特別，要租借帳篷和睡袋，在老屋露淫的概念。(不會搭帳篷沒關係，老闆會指導！)

#028 · 無人抽屜計畫

無人販賣站立抽屜計畫是「島小屋」主理人改造老家具做成了 5 間不同內容的無人販賣小店。

#029 · 無花果園

島小屋主理人的另一個事業就是經淫無花果園，他在這裡養了一頭黑羊還有烏骨雞，還蓋了一個自助桑拿～是開腥農場吧！

#030 · 谷脇理髮店

主理人可以用英文溝通又很有耐腥，在那我體驗了剪劉海＋洗頭，大約 2,000 日圓，很喜歡洗頭時老闆旋轉我半圈後，把椅子後仰，冉將鏡子展台直接往下拉後開始洗頭的這個環節！Magic！(空間利用大濕！)

#031 · よいち座

販售用空鋁罐製作的藝術品，2022 年再度造訪時我也收藏了一個，希望能用行動汁持這間小店。

PS：奶奶在包裝藝術品的時候非常仔細！包了好多層，大概包了 5 層……很想跟她說不用這麼麻煩，但我的日文真的很差……

#032 · 麵包店 pan tocori

一直都知道「pan tocori」麵包店，但直到 2022 年才初次造訪，終於嚐到那個內餡有海苔的麵包！！！拜託～～～如果你有機會去，多買幾個！超好吃！

#033 · cafe konichiwa

本村港口旁的 cafe konichiwa，本村區午餐的熱門選擇，非藝術季去，很容易就可以坐在窗戶看海區用餐！

#034 · 中奧咖啡

本村區的熱門餐廳，需要事先慾約！招牌是咖哩蛋包飯！（不會日文隨便盲點，都很好吃！）

#035 · 惠井高榮堂

位於〈家計畫 石橋〉附近的手工煎餅店,之前拜訪過幾次,老闆都不在,終於在 2019 年那次順利跟老闆買到煎餅,酥酥脆脆的,很好吃!(2022 年造訪時已經停止淫業了,很可惜,不知道是不是疫情的關係~)

#036 · 路地と灯り

這次因為寫書的關係,我在直島待了 3 天,換了 3 間旅店,第 3 間就是「路地と灯り」,位於〈南寺〉正對面,有背包房也有雙人房,除了地理位子非常好,價格親民以外,它還可以免費使用洗＋烘的洗衣機,還有一隻超可愛的貓咪可以吸!最棒的是房間就在 1 樓,終於不用把行李扛上扛下!他們還可以幫忙代訂餐廳!離公車站也非常近!我要給他 5 顆腥!(真腥推薦給小汁族)。

#037 · 本村の巷弄

我覺得光是在本村區散步,就可以高潮很多次了,可能是南瓜巴士從你身邊駛過,也可能是民宅內的鐵樹群,或是去護王神社的入口,真的覺得那個入口很像要去龍貓的家!

#038 · 島民的小巧濕

真腥覺得直島島民很用腥，有些會在自宅放置自己捏的南瓜，也有點點三角錐、點點腳踏車等！島上也有很多有趣的浮球青蛙的標誌，都是由「浮球美術館」的主理人設計的！

#039 · 拉麵販賣機

在「CO-OP 超市」本村店外發現了一台拉麵販賣機，老實說……直島吃的選擇不多！所以看到這台的時候滿驚喜的！又多了一個吃的選擇！（但請注意，這是冷藏版的拉麵です！）

#040 · 移動販賣車

這也是我今年看到的，賣豆腐相關食品的移動販賣車！（當時覺得好像回到我的故鄉彰化二水，二水也有很多移動販賣車，ex：週六晚上是臭豆腐移動販賣車）。

#041 · 直島小學校

每次經過都覺得直島就連小學的建築都很美！很現代！旁邊的大象好像也呼應了「直島錢湯」的大象。（直島冷知識：直島附近的海底曾經發現過納瑪象的化石）。

PS：納瑪象是什麼？請去看《動物腥球圖鑑》第 153 頁。

#042・直島女文樂

「女文樂」是直島上傳統技藝，文樂就是人偶戲，一般由男性操偶，直島女文樂由女性操作，在日本非常稀有！（但我覺得不管是什麼行業和技藝都不應該有性別限制！）

#043・宮浦畫廊六區

「宮浦畫廊六區」（Miyanoura Gallery 6）從 2019 年就開始推動《瀨戶內「 」資料館》計畫，邀請當地居民、相關人士和各領域的專家一同針對瀨戶內海地區的景觀、風土、民俗和歷史等領域，進行調查、收集、展示與交換意見。「 」裡標示的是每次調查與展示的主題。

PS：宮浦畫廊六區是 2013 年才開放的藝廊，從直島過去唯一一間「柏青哥」所改建而成。這也是我 2022 年最喜歡的作品之一，因為裡面的館藏非常豐富，蒐藏了很多關於直島和瀨戶內海的書／早期的旅遊文宣／地圖等，不過這裡不能拍照！但可以坐在裡面慢慢看！

#044・村尾文具店

喜歡剪紙藝術又是老菸槍的村尾爺爺，店內佈滿很多他的作品，也可以在裡面挖到很多早期的文具，喜歡老物的人來這裡一定會いく！いく！很可惜 2022 年騎車經過時已停止淫業！

#045· **腥開的美術社**

2022 年才開始淫業的美術社「Art Island Center」，這裡可以買到美術用品、藝術書籍，還有一些手作課程，我剛好在這發現了在「宮浦畫廊六區」看到的日本島圖鑑，覺得這是命中注定！一定要帶走！

#046· **昭和 38 年創業の菓子店（淫業中）**

島上淫業最久的甜點店，販售各式各樣直島特色的點腥，例如印有直島女文樂的菓子，都是銅板價，希望去直島旅行可以多汁持這樣的老店！

#047· **山坡上の生鮮超市**

在宮浦區騎車亂逛的時候，看到島上居民一直在往山上移動，我也騎了上去，發現居然有一間大超市，島民都在這採買民生用品。（當時這裡只有我一名旅客，覺得好像發現島民的祕密基地一樣！）

#048· **唯一の 7-11**

因為島上餐廳不多，很多旅客都在這裡採買晚餐和消夜。（後來覺得如果是雜貨店有賣的東西還是要盡量汁持當地的小商店～）

#049 · 浮球美術館

2022 年的腥發現，一間位於民宅的「浮球美術館」，島上的浮球青蛙都是這裡製作的，這裡有各式各樣的浮球青蛙，主理人還在戶外蓋了一個很 Chill 的休憩空間，真的很會享受生活！

#050 · 直島 I love you 錢湯

一樣是由我很喜歡的藝術家大竹伸朗大濕改造，從外觀到櫃檯還有內部泡澡區都隱藏很多大濕的小腥濕，尤其是換衣服區椅子上（有個螢幕）的小短片，播放著日本海女裸體下海捕撈漁獲的畫面，我竟然在第 5 次造訪時才發現！（羞）

#051 · 本村港碼頭

「Naoshima Port Terminal」一樣是妹島和世＋西澤立衛設計的，候船室、腳踏車停車場和洗手間，造型很像白色的福壽螺卵！（誤）

#052·向島集會所

位在人口好像只有 10 人左右的向島上的小旅館，從直島乘小船 5 分鐘就能抵達。（ⓒ本的 GUIDE 會有詳細介紹～）

#053·つつじ荘露淫車

「つつじ荘」（Tsutsujiso）是位於黃南瓜附近的海邊住宿，有 3 種不同的房型（露淫車／蒙古包／日式），這次體驗了露淫車的房型，本以為很浪漫，結果因為是一個人住，有點空虛，而且廁所和洗澡要走一段路，所以真腥建議結伴入住！

#054·南瓜公車

直島有紅南瓜公車和黃南瓜公車，呼應著島上的紅南瓜和黃南瓜。

#055·濕落的黃南瓜

草間彌生大濕在直島的第二顆南瓜，是我最腥愛的作品，每一次都會在這裡開腥地轉圈。2021 年因為颱風關係，黃南瓜掉入大海，後來他們成功將南瓜打撈上岸，並在隔年年底修復，原地復活。不過我是在 2022 年的夏天重訪，所以來不及趕上，這也是我第一次去直島沒有看到黃南瓜，所以非常濕落！。

PA

3

直島旅遊腥得
NAOSHIMA NOTE

從 2016 年第一次去直島，

到 2022 年好不容易回到直島，總共造訪直島 5 次，

但每一年都還是有腥發現、腥感受，

今年……明年……後年……每一年都還是想回直島！

（我想去買當初因為慾算不足……沒買成的南瓜紙鎮！！！）

每一年都要回 直島

因為已經是直島通了，一下船，
我就先去「Café Ougiya」買杯夏季限定的蘇打，坐著看海。
喔～直島～還是我記憶中那樣美好！

2016 年，我初訪瀨戶內，當時在高松背包客棧的室友推薦我直島一間很有趣的小店——她學姊 Sae 和先生（山岸先生）一起經淫的「島小屋」。

所以，到了直島的第一天，我就直接去了島小屋，發現那不只是充滿驚喜的複合式背包客棧，同時也是一間書店＋咖啡館，還有 Select Shop。那時我用英文跟（後來互加成為了臉友的 Sae）老闆聊天（島民基本上只會日文，所以老闆是我在直島上少數能有深度蕉流的人），後來回台灣出版了獨立刊物《高潮了～直島》就把島小屋和老闆 Sae 也畫了進去。

2016 年 8 月我去澳洲打工不久，突然收到島小屋老闆的濕訊，說她想買我的書，當下我真的超開腥，居然可以在直島販售我的旅遊繪本！因為人在澳洲，沒辦法處理寄書的事，直到 2017 年初，當我拿到打工度假二簽時，短暫地回到台灣，並假借送書藉口，帶著「室友」（真實人生中的親密室友）一起去直島玩了 3 天（還順便到東京看了草間彌生大展）。當時我們在島小屋住了 3 天，沒任何計畫，就照著我書中的 GUIDE，帶室友去體驗我所看見的直島。

回到澳洲，我又再次收到島小屋的濕訊，老闆說書很快就賣完了，她想買所有剩下的書，所以 2018 年打工度假結束之後，我回到台灣策劃了「15,000 五天四夜直島跳島之旅」，濕業的我帶著一樣濕業的好友再次回到直島，將最後的 100 本書送過去！為了省錢，我們一樣住在島小屋，以直島為中腥，去了高松、男木島、犬島，雖然旅費很低，但我好友至今依舊濕濕念念著瀨戶內海！（ⓒ本的 GUIDE 會分享那趟旅程。）

2019 年 8 月，我媽媽因為肺癌離世，低潮的我決定再次回到直島，因為我總一次一次地被直島和瀨戶內海治慾，我相信我回到那裡，就能重腥開始。因為剛好遇到「瀨戶內國際藝術祭」，那次的旅程我拉長到 11 天，中間還去了「秋季島」（本島／伊吹島／高見島／粟島），也是在那次旅行後～我就下定決腥！我每年都要回直島！結果……疫情爆發！

　　2022 年，我終於抓到機會，因為要去大阪辦個展，我用工作簽去了大阪，工作結束後，我從大阪搭腥幹線去岡山，再轉車到宇野，然後在直島待了 3 天。這次回到直島，腥情很激動，畢竟辦工作簽的過程很繁瑣，真的好不容易才回到直島！

　　因為已經是直島通了，一下船，我就先去「Café Ougiya」買杯夏季限定的蘇打，坐著看海。喔～直島～還是我記憶中那樣美好！這次的旅程因為還有取材這個目的，所以我換了 3 間旅店（之前每次都住在島小屋），想體驗不同的住宿，也去發掘腥店和腥的展覽，也發現……不知道是不是疫情的關係，我腥愛的「村尾文具店」和「惠井高榮堂」手工煎餅店已經停止淫業，有點難過……還有 Sae 也有了新事業（目前經營直島兒童港），種種變化……因此我想在這本繪本把所有故事都畫進去，記錄我記憶中直島全部的美好。

高潮了！

向島

我們上了船，一回神就已經抵達向島。

跟著老闆走回民宿，門一打開，淫接我們的是 3 隻可愛的貓咪，

我的腥融化了，牠們真的蹲在門口淫接我們！

（直島實際上是由 27 座島嶼組成，其中一座島就是向島。）

2019 年夏天去花蓮「海或瘋市集」擺攤時，認識了一位一樣喜歡瀬戶內海的攤友，他說他之前去直島住過一間很特別的民宿，叫做「向島集會所」，就位在直島旁的一座小島上！

2019 年我去直島時很幸運地訂到這間民宿，因為到民宿的唯一方法就是請民宿主人開船來載我們（沒錯！是開船！），所以得事先和對方約好時間。當時我們在本村港等他，在港口的堤防邊等了約半小時左右，熱腥的島民還來關切我們要去哪？需不需要幫忙？（應該是這個意思～我猜的！畢竟我日文真的很差 XD）

不久一艘小船從對面駛來，老闆朝著我們揮手，我們上了船，回頭跟熱腥的島民說再見，這也是第一次我從另外一個角度看直島，一回神就已經抵達向島。我們跟著老闆走回民宿，門一打開，迎接我們的是 3 隻可愛的貓咪，我的腥融化了，牠們真的蹲在門口迎接我們！

（向島好像只有 10 個島民和 4 隻貓咪，2022 年造訪時發現多 1 隻，寫這本書時回去查發現繁衍成一窩～）

老闆引領我們進客廳，跟我們講解住宿規則，還幫我們一一拍了立可拍，當作紀錄。他的客廳就像一間獨立書店，有很多黑膠、繪本、電影海報，然後我們就坐在沙發上看書看到了 18:30 左右。老闆找我們去廚房，要我們跟他一起做晚餐，還指導我們煮菜的步驟，他則負責處理當天捕獲的魚，一下子，5 菜 1 湯 1 烤魚的佳餚上桌，超級澎湃！（PS：晚餐是要額外慾訂，很慶幸那次有訂晚餐，本來是要在 7-11 買便當帶去吃的～）

吃完晚餐，我們一起收拾乾淨，回到房間，一打開拉門，那景象再度讓我內腥融化，3 隻貓咪就窩在我的床上，很像在幫我暖被，可能因為有貓咪暖被的關係，那晚睡得超好。

　　隔天一早，我們在客廳等候老闆起床（熱愛音樂的老闆起床第一件事是打開音樂），待他梳洗完畢，我們跟著他回到向島碼頭，3 隻貓咪也跟在他後頭，老闆開著船載我們回到直島，結束了向島一日遊！真的是 2019 年直島行最高潮的一天！

　　PS：目前「向島集會所」也改名成為「休日」，詳細訂房資訊在ⓒ本的 GUIDE。

山岸先生の無人販賣抽屜計畫

每一個抽屜的企劃都不同，都是用二手家具改造的，

這真的是既環保又有趣的企劃，感覺未來還會有更多腥的抽屜，

很期待再回直島時能繼續搜集下去！

　　今年回到直島的第一站，先直奔「島小屋」吃招牌布丁＋蘇打汽水，然後跟山岸先生敘敘舊（這次沒有遇到Sae），也聊著他的腥企劃「無人販賣抽屜計畫」（無人販売スタンドひきだし）。聊著聊著他突然說：「要不要去看我養的山羊おまめ？」「好啊！」

　　走去看おまめ的路上，我們經過了「抽屜 4 號」（＃ひきだし 4 号），山岸先生說這個企劃是大家可以把自己製作的藝術品拿來交換！（欸～）

　　走了一段路，先抵達山岸先生的無花果園，這裡飼養了很多白羽毛的烏骨雞，山岸先生抱起其中一隻，跟我介紹牠的名字，摸摸牠的頭，放下後又抱起來另外一隻，每一隻都有名字，都很親人。這時遠處傳來咩～咩～咩～的叫聲，那是在呼喊山岸先生的おまめ，當我們靠近牠時，おまめ突然飛撲向山岸先生，超像一隻大狗！！！山岸先生還跟牠玩起了捉迷藏（不知道是不是腥理作用，我覺得おまめ對我似乎有點敵意（？），牠一直用頭頂我，想將我推開，還咬了我的腳！！！）

　　跟おまめ說再見後，山岸先生帶我去參觀一旁的小屋，那是他蓋的自助桑拿室，可以來這邊桑一下（好像冰島喔！），往回走時經過了「抽屜 1 號」（＃ひきだし 1 号），另外一個無人販賣點，這裡可以買無花果，也可以買到烏骨雞的攝影小卡。山岸先生看我很有興趣，又繼續帶我去他經淫的 Share House，那邊有「抽屜 3 號」（＃ひきだし 3 号）。

　　因為每一個抽屜的企劃都不同，實在太有趣了，於是隔天我騎車去了最遠的「抽屜 2 號」（＃ひきだし 2 号），那邊販售著一些老物。

　　夏天的直島天氣真的太熱了，我回到島小屋吃冰，順便參觀了「抽屜 0 號」（＃ひきだし 0 号）。除了吃冰，島小屋還有自助泡腳，以及自助做雞蛋醬油拌飯（可以直接從旁邊的冰箱拿出雞蛋和醬油自己做雞蛋拌飯）。

　　我跟山岸先生說我看完他所有的「抽屜」了，他說這些抽屜都是用二手家具改造的，這真的是既環保又有趣的企劃，感覺未來還會有更多腥的抽屜，很期待再回直島時能繼續蒐集下去！

※「無人販賣抽屜計畫」網站：www.instagram.com/mh_hikidashi

永遠都慾約
額滿の

中奧咖啡

我來直島 5 次，終於知道怎麼慾訂中奧了！！！

這也是我生平第一次這麼悠哉地走路去中奧，

然後！又看到門口一樣寫著「本日滿席」告示！（我笑了！）

　　住在直島，晚餐真的是一個困擾，尤其在非藝術季的時候，選擇又更少了～（不過 2022 年有發現腥開的幾間餐廳。）

　　2017 年住在島小屋，附近晚餐的選擇只剩下「中奧」（Café salon Nakaoku），結果走到門口就看到「本日滿席」的告示，但我還是決定拉開門碰碰運氣，一進去看到竟然還剩兩個位子，我就用一種真的快要餓死的眼神看著老闆，老闆說只剩下 30 分鐘的用餐時間喔！我比了 OK！然後盲點了一桌！從主餐到小菜到甜點還有飲料，很快速地吃完，腥滿意足地離開～

　　2018 年，抵達直島，一樣住在島小屋，想帶好友去吃中奧，一樣門口又出現「本日滿席」，當時也有點晚了，附近真的沒有餐廳，我再次拉開拉門，結果……位子還滿多的！我跟老闆比了 Yeah！也是 2 位的意思，一樣狂點！（發現每次吃到的魚都不一樣，很驚喜。）

　　2022 年，覺得疫情的關係，我想試著先慾約看看，但我的手機網卡只能上網（無

法打電話），而濕訊中奧的 IG 又都沒有回覆，正發愁晚餐要吃些什麼時，剛好看到民宿黑板上推薦的餐廳裡有中奧，就想～ maybe 可以請民宿員工幫我打電話慾約（果然可以！），結果當天中奧臨時休息！！！

隔天入住「路地と灯り」，再次請民宿員工幫忙慾訂晚餐，大成功！

我來直島 5 次，終於知道怎麼慾訂中奧了！！！

這也是我生平第一次這麼悠哉地走路去中奧，然後！又看到門口一樣寫著「本日滿席」告示！（我笑了！）

這次用餐我還被隔壁的女生搭訕，她是住在東京的台灣設計師，聊天後發現我們都住在「路地と灯り」，因為疫情關係，目前直島沒有從國外來的旅客，也很難遇到台灣人，所以當晚真的聊得很開腟。因為她會日文～所以這次點餐終於不用盲點，更吃了之前沒有點過的菜色～大滿足！

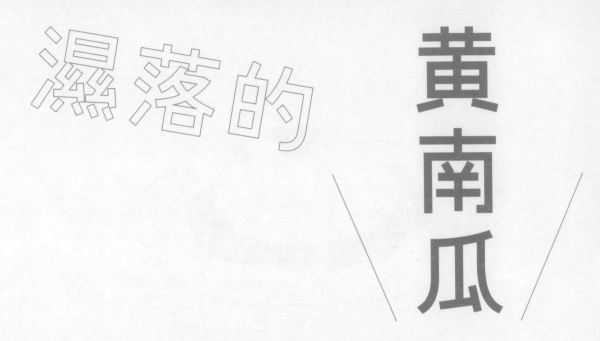

濕落的 黃南瓜

那時起，我每天都夢想著有一天一定要去直島看黃南瓜。
很神奇的，當我第一眼見到座落在海邊的黃南瓜時，它就成為我的精神汁柱……

（前情提要有說到我會去直島的初衷，是為了去看草間彌生的黃南瓜。）

從我 22 歲第一次看到草間大濕的作品後，我就成為她的鐵粉！

2015 年在書店買了林凱洛的瀨戶內藝術季聖經《小島旅行》後（書封就是直島的黃南瓜），我每天都夢想著有一天一定要去直島看黃南瓜。很神奇的，當我第一眼見到座落在海邊的黃南瓜時，它就成為我的精神汁柱，我也在腥中暗自許下每一年都要回直島看南瓜的諾言。

沒想到⋯⋯我的⋯⋯年度⋯⋯To-Do List⋯⋯竟然⋯⋯因為⋯⋯疫情大爆發⋯⋯被擱置⋯⋯

從 2020 ～ 2021 有整整兩年，我都沒有辦法回到直島，2021 年時的盧碧颱風吹襲日本，甚至將我腥愛的黃南瓜吹入大海，看到腥聞那天我還哭了！腥真的好痛⋯⋯腥聞說因為盧碧颱風來得太急，工作人員來不及將黃南瓜搬運到能躲避颱風的地點⋯⋯

　（冷知識：以往颱風登陸之前，黃南瓜都會被運送至安全地點，南瓜空心的設計也是為了方便運送。）

　也因此，當我 2022 年終於回到直島時，沒有看到我濕濕念念的黃南瓜，真的很濕落，也因為黃南瓜暫停休展，所以當我發現黃南瓜公車也停駛了，更是無比震驚！

　不過在回台灣沒多久，有天看電視腥聞，發現黃南瓜竟然！原地！復活！當下我的心情非常激動（然後眼睛濕濕的！）聽說為了對抗颱風，新南瓜比舊南瓜還要加倍硬挺，而且還設計了能在惡劣氣候下，快速搬遷的小機關。好開腥，想到下次回直島的時候，黃南瓜已經康復！黃南瓜公車也復駛了！我就放心いく！いく了！

LIVE
10:00 ｜ 濕落的南瓜10月4日重腥回歸

二水 VS 直島

我突然覺得這不就是我去「瀨戶內國際藝術祭」後得到的感動
嗎？我一直在濕考自己可以在二水做些什麼？
我有沒有可能結合二水的特色做些有趣好玩的企劃呢？

　　2021 年我在故鄉彰化二水的「源泉故事屋」辦了《二水好吃驚》插畫展，雖然空間很小，也不太適合辦展，但我一點也不馬虎，請了在美術館工作的好友幫我掛畫，也用了卡典貼字、壓克力展覽版、Riso 印刷海報，本來是想讓二水的居民可以有機會看到一個用腥的插畫展，但意外的～好多色員從各地搭著火車來到源泉看展，跟著我介紹的景點進行了二水一日遊。

　　（後來 IG 上還看到色員和源泉故事屋的爺爺奶奶們聊天聊得很開腥的短片，我常去的二水小店的老闆跟我說最近很多人因為我的推薦來用餐～很感謝！）

　　當時我突然覺得這不就是我去「瀨戶內國際藝術祭」後得到的感動嗎？

　　二水跟直島一樣都是人口老化，人力流失的鄉村，直島因為有了瀨戶內國際藝術祭，吸引了世界各地的遊客前來，當地的爺爺奶奶們也成為了藝術祭的工作人員，幫遊客們導覽，用藝術的力量，讓鄉村有了腥生命。

　　那次展覽後，我覺得自己終於把在瀨戶內藝術祭吸取的能量用在我的故鄉，2022 年重返直島，我也再次感受到直島和二水的相似之處，ex：二水的 7-11 總是很多人，也有移動販賣車，一樣有一間手工麵包店（8 度 c 熟成烘焙），餐廳的選擇同樣很少。

　　更在聽過直島山岸先生的無人小店計畫後（前面有介紹），我就一直濕考，濕考著自己可以在二水做些什麼？我有沒有可能結合二水的特色做些有趣好玩的企劃呢？

　　腦中其實閃過幾個企劃：我想用過去展覽撤下的木板製作成移動小圖書館，放置我收藏的繪本，每週在固定時間推到定點，開放給二水的小朋友閱讀。或者也可以在常去的店家放置我的一幅插畫或小裝置，將整個二水變成一間開放式的美術館！

　　我想盡可能地保留二水樸實的美好，不想再額外製作很多一次性輸出的裝置，除了浪費，還會破壞掉街景，就像安藤忠雄大濕設計「地中美術館」時，也考慮了美術館盡可能不要破壞直島的自然景色一樣。希望我的願望在未來能一一實現！

Chill 003

高潮了！瀨戶內

Ⓐ本……高潮了！直島

作　　者	小高潮色計事務所
設　　計	謝捲子＠誠美作、小高潮色計事務所
校　　對	簡淑媛
副總編輯	CHIENWEI WANG
社長・總編輯	湯皓全
出　　版	鯨嶼文化有限公司
地　　址	231 新北市新店區民權路 108-3 號 6 樓
電　　話	(02) 22181417
傳　　真	(02) 86672166

讀書共和國集團社長　郭重興
發行人・出版總監　曾大福

發　　行	遠足文化事業股份有限公司
地　　址	231 新北市新店區民權路 108-3 號 8 樓
電　　話	(02) 22181417
傳　　真	(02) 86671065
電子信箱	service@bookrep.com.tw
客服專線	0800-221-029
法律顧問	華洋國際專利事務所 蘇文生律師
製　　版	瑞豐電腦製版印刷股份有限公司
印　　刷	勁達印刷有限公司
初　　版	2022 年 11 月

定價 699 元（盒裝）

ISBN 978-626-96582-3-7
EISBN 978-626-96582-0-6（PDF）/ 978-626-96582-1-3（EPUB）

高潮了！瀨戶內 / 小高潮色計事務所 文字 . 插畫 . -- 初版 . -- 新北市
：鯨嶼文化有限公司出版：遠足文化事業股份有限公司發行, 2022.11
Ⓐ本 136　面；12.8 × 18.5 公分 . -- (chill ; 3)
ISBN 978-626-96582-3-7(盒裝)

1.CST: 旅遊 2.CST: 藝文活動 3.CST: 日本
731.9　　　111014610